中国公路建设行业协会标准

公路特大桥交通工程与附属设施设计指南

Guidelines on Design of Traffic Engineering and Affiliated Facilities of Highway Grand Bridge

T/CHCA 004—2019

主编单位：中国公路工程咨询集团有限公司
批准部门：中国公路建设行业协会
实施日期：2019 年 10 月 01 日

人民交通出版社股份有限公司

图书在版编目(CIP)数据

公路特大桥交通工程与附属设施设计指南／中国公路工程咨询集团有限公司主编. —北京：人民交通出版社股份有限公司，2019.12
ISBN 978-7-114-16079-0

Ⅰ.①公… Ⅱ.①中… Ⅲ.①公路桥—特大桥—桥梁工程—指南 Ⅳ.①U448.14-62

中国版本图书馆 CIP 数据核字(2019)第 277723 号

标准类型：中国公路建设行业协会标准
标准名称：公路特大桥交通工程与附属设施设计指南
标准编号：T/CHCA 004—2019
主编单位：中国公路工程咨询集团有限公司
责任编辑：黎小东　朱伟康
责任校对：赵媛媛
责任印制：张　凯
出版发行：人民交通出版社股份有限公司
地　　址：(100011)北京市朝阳区安定门外外馆斜街 3 号
网　　址：http://www.ccpress.com.cn
销售电话：(010)59757973
总 经 销：人民交通出版社股份有限公司发行部
经　　销：各地新华书店
印　　刷：北京鑫正大印刷有限公司
开　　本：880×1230　1/16
印　　张：3
字　　数：59 千
版　　次：2019 年 12 月　第 1 版
印　　次：2019 年 12 月　第 1 次印刷
书　　号：ISBN 978-7-114-16079-0
定　　价：40.00 元

(有印刷、装订质量问题的图书，由本公司负责调换)

中国公路建设行业协会
公　告

第 4 号

中国公路建设行业协会关于发布
《公路特大桥交通工程与附属设施设计指南》的公告

现发布《公路特大桥交通工程与附属设施设计指南》(T/CHCA 004—2019)，作为中国公路建设行业协会标准(团体标准)，推荐全行业使用，自 2019 年 10 月 1 日起施行。

《公路特大桥交通工程与附属设施设计指南》(T/CHCA 004—2019)的管理权和解释权归中国公路建设行业协会，日常解释和管理工作由主编单位中国公路工程咨询集团有限公司负责。

各有关单位如在执行实践中发现问题或有修改意见，请函告中国公路工程咨询集团有限公司(地址：北京市海淀区西三环北路昌运宫 17 号院，邮编：100089，电子邮箱：chenxiaoni@checc.com.cn)，以便修订时研用。

中国公路建设行业协会
二〇一九年八月二十七日

前　言

随着我国经济的不断发展,江河、海湾、峡谷、岛陆等两岸之间的沟通交流越来越频繁,特大桥建设持续处在高峰期。

现行规范中涉及特大桥交通工程与附属设施的内容相对较少、针对性不强,导致对其设计规模和标准的争议较多;其次,特大桥独有的结构内部照明、检修电源、电梯、除湿等内容在现行设计规范中缺失;此外,特大桥与隧道均是公路独特的构筑物,隧道交通工程与附属设施已经颁布了独立的设计规范,因此特大桥交通工程与附属设施也急需相应的设计规范。经广泛调查研究,认真总结实践经验,并在广泛征求意见的基础上,编制了本指南。

本指南按照《中国公路建设行业协会标准管理办法》编制,主要内容包括总则、术语、供配电设施、照明设施、电梯和除湿等设施、综合集控系统、管道和线缆、机电设施检修平台与通道。由于《高速公路交通工程及沿线设施设计通用规范》(JTG D80—2006)、《公路交通安全设施设计规范》(JTG D81—2017)、《公路桥梁结构安全监测系统技术规程》(JT/T 1037—2016)等规范对监控、通信、安全设施、桥梁结构健康监测等内容已有规定,故本指南不涉及此内容;另外由于景观照明与桥梁结构和当地人文关联性较强,故本指南也不涉及景观照明内容。

本指南实施过程中,请将发现的问题和对指南的意见建议反馈至中国公路工程咨询集团有限公司(地址:北京市海淀区西三环北路昌运宫17号院,联系方式:010-57050666-5112,电子邮箱:chenxiaoni@ checc. com. cn),供修订时参考。

本指南由中国公路工程咨询集团有限公司提出,受中国公路建设行业协会委托,由中国公路工程咨询集团有限公司负责具体解释工作。

主 编 单 位：中国公路工程咨询集团有限公司
参 编 单 位：中咨泰克交通工程集团有限公司
　　　　　　　中咨华科交通建设技术有限公司

主要起草人员：田丽萍　李太芳　高　阳　李红芳　贾志伟　黎木森
　　　　　　　袁　慧　刘　彬　李　民　张　艳　郭骁炜　彭　敏
　　　　　　　裴月玲　张　伟　周　霄　周　耀　江　婷　陈　锋
　　　　　　　罗红杰　朱　晶　韩子东　陈　浩　张　涛　王红燕

目　次

1 总则 …………………………………………………………………… 1
2 术语 …………………………………………………………………… 2
3 供配电设施 …………………………………………………………… 3
　3.1 一般规定 ………………………………………………………… 3
　3.2 电力负荷分级及供电要求 ……………………………………… 3
　3.3 中压供电网络 …………………………………………………… 4
　3.4 变配电所设置 …………………………………………………… 5
　3.5 供电设施 ………………………………………………………… 9
　3.6 配电设施 ………………………………………………………… 9
　3.7 供配电设备 ……………………………………………………… 10
　3.8 节能措施 ………………………………………………………… 12
4 照明设施 ……………………………………………………………… 13
　4.1 一般规定 ………………………………………………………… 13
　4.2 公路照明 ………………………………………………………… 14
　4.3 结构内部照明 …………………………………………………… 16
　4.4 检修电源 ………………………………………………………… 17
　4.5 照明控制 ………………………………………………………… 17
　4.6 节能要求 ………………………………………………………… 18
　4.7 灯杆与灯具 ……………………………………………………… 19
5 电梯和除湿等设施 …………………………………………………… 20
　5.1 电梯 ……………………………………………………………… 20
　5.2 除湿设施 ………………………………………………………… 21
　5.3 航空障碍灯 ……………………………………………………… 23
　5.4 桥梁视觉航标 …………………………………………………… 25
　5.5 工作电话 ………………………………………………………… 26
6 综合集控系统 ………………………………………………………… 27
　6.1 一般规定 ………………………………………………………… 27
　6.2 系统构成 ………………………………………………………… 27
　6.3 电力监控 ………………………………………………………… 28
　6.4 设备控制 ………………………………………………………… 28

6.5 安防监控	28
7 管道和线缆	30
7.1 一般规定	30
7.2 管道	30
7.3 线缆	33
7.4 基础、预埋件和预留孔	34
8 机电设施检修平台与通道	36
本指南用词用语说明	38

1 总则

1.0.1 为指导公路特大桥交通工程与附属设施建设,保障运营安全,便于维护检修,制定本指南。

1.0.2 本指南适用于新建公路特大桥。

条文说明

根据《公路工程技术标准》(JTG B01—2014)的规定,多孔跨径总长超过1000m或单孔跨径超过150m的公路桥梁为特大桥。本指南所指的"特大桥"应为按一个独立项目进行申报审批的特大桥工程,以及在某一公路内非独立报审项目的斜拉桥、悬索桥等特殊结构的特大桥。

本指南主要适用于斜拉桥、悬索桥,其他桥型以及公铁两用桥的公路桥部分可参照使用。

1.0.3 本指南中的公路特大桥交通工程与附属设施包括供配电设施、照明设施、电梯和除湿等设施、综合集控系统、管道和线缆、机电设施检修平台与通道。

条文说明

本指南虽不涉及桥梁结构健康监测内容,但应预留相关接口。

1.0.4 公路特大桥交通工程与附属设施应与特大桥主体工程、所处路段的交通工程及沿线设施相协调,应贯彻国家的技术经济政策,做到安全实用、先进智能、经济合理、绿色环保、维护便利,并应能兼顾未来发展需求。

1.0.5 公路特大桥交通工程与附属设施设计除应符合本指南的规定外,尚应符合国家和行业现行有关标准的规定。

2 术　　语

2.0.1　结构内部照明　internal lighting
特大桥结构内部有人工检修要求的空间所设置的照明设施,通常在箱梁、主塔,以及悬索桥锚室、鞍室内部设置。

2.0.2　检修电源　internal overhaul power supply
特大桥箱梁、主塔,以及悬索桥锚室、鞍室等结构内部为检修、维护作业而设置的电源插座。

2.0.3　工作电话　service phone
为便于运维人员与管理中心或集控站通信,在特大桥机电设备集中区域设置的业务电话。

2.0.4　综合集控系统　integrated centralized control system
对特大桥电力监控、设备控制和安防监控实施综合集中管理的系统,系统软件安装于集控站。

2.0.5　设备控制系统　equipment control system
利用数据采集与监视控制(Supervisory Control And Data Acquisition,SCADA)系统将特大桥上各类设备通过集成控制平台实现信息采集、操作控制等功能的系统。

2.0.6　管道　pipeline system
用于敷设各类线缆的管道、桥架、管箱,以及相应托架的统称,可分为通信管道和电力管道,不包括消防、生活、雨水、污水、给排水管道。

2.0.7　机电设施检修平台与通道　electromechanical maintenance platform and channel
为特大桥机电设施安装、检修和维护设置的平台与通道。

3 供配电设施

3.1 一般规定

3.1.1 供配电设施包括供电设施和配电设施。

3.1.2 供配电设施设计应遵循下列原则：
 1 应充分保障运营、维护等各阶段的人身安全、电气安全。
 2 应依据负荷等级保障供电的可靠性。
 3 应根据负荷性质、用电容量、桥梁结构形式、当地电源条件，统筹兼顾，合理确定设计方案。
 4 系统构成应简单明确，便于管理和维护。
 5 应采用符合现行国家和行业有关标准的高效节能、环保安全、性能先进的电气产品。
 6 应便于检修、维护。

3.2 电力负荷分级及供电要求

3.2.1 公路特大桥电力负荷应根据对供电可靠性要求及中断供电在对人身安全、经济损失上所造成的影响程度进行分级。特大桥重要电力负荷分级应符合表 3.2.1 的规定。

表 3.2.1 特大桥重要电力负荷分级

序 号	电力负荷名称	负 荷 等 级
1	紧急呼叫设施*	一级
	火灾监测与报警设施*	
	中央控制设施*	
	航空障碍灯*	
	桥梁视觉航标*	
	通信站*	
	交通监控设施	
	桥梁结构健康监测	
	变配电所附属用电	

续上表

序 号	电力负荷名称	负荷等级
2	结构内部照明	二级
	检修电源	
	电梯	
	除湿机	
	阴极防腐	
	雾灯	
3	公路照明	三级
	景观照明	

注：* 该一级负荷为特别重要负荷。

条文说明

根据负荷等级，选择适当的供电方式，可以有效提高社会效益与经济效益。

结构内部照明、检修电源、电梯、除湿机可以有效提高检修维护的便利性，因此将这些负荷列为二级负荷。

3.2.2 特大桥供电设计应符合下列规定：

1 一级负荷应由双重电源供电。一级负荷容量不大时，应优先从邻近的电力系统取得第二低压电源，也可采用柴油发电机组作为备用电源。当采用柴油发电机组时不应设置在桥梁上。

2 一级负荷中特别重要负荷应设置不间断电源装置(UPS)作为应急电源，并不得将其他负荷接入应急供电系统。

3 二级负荷的供电系统宜由两回路电源线路供电。

4 两回路电源线路供电的特大桥，宜采用同级电压供电。当一路电源中断供电时，另一路电源应能满足全部一级和二级负荷的供电要求。

5 除一级负荷中的特别重要负荷外，不应按一个电源系统检修或发生故障的同时，另一电源也发生故障进行设计。

3.2.3 特大桥供电应考虑结构健康监测、景观照明等负荷用电要求。

3.3 中压供电网络

3.3.1 特大桥供电系统应根据负荷性质、传输距离确定供电方案，当传输距离较远时，宜采用中压供电方式。

条文说明

0.4kV供电半径通常不超过250m,由于公路负荷的特殊性,供电半径可以适当放大到1000m。当特大桥负荷供电半径超过1000m时,由于传输距离较远,宜采用中压供电方式,通过构建中压供电网络实现。

3.3.2 中压供电网络宜从电力系统取得第二电源;当条件不具备时,可通过柴油发电机组升压供电作为备用电源。

3.3.3 中压供电网络由主变电所、变配电所、中压供电电缆构成。

条文说明

主变电所、变配电所为中压供电网络的主要节点。主变电所指为特大桥提供中压电源的变电所,通常设置在邻近特大桥的房建区或管理中心内;变配电所根据所处位置的不同可分为主桥变配电所、引桥变配电所等。

3.3.4 应根据桥梁结构形式、变配电所设置情况、负荷重要性及使用时间构建中压供电网络。

3.3.5 中压供电网络应采取措施防止两路电源并列运行。

3.3.6 中压供电网络结构形式宜符合下列规定:
  1 主变电所至主桥变配电所宜采用放射式,至其他变配电所宜采用树干式或混合式。
  2 中压供电电压等级宜采用10kV,配电级数不宜多于两级。
  3 空载或轻载运行状态下的长距离中压长电缆宜在负荷被切除的同时切除该中压线缆,在不能切除时宜采用并联电抗器措施进行补偿。

条文说明

中压供电电压等级主要有20kV、10kV、6kV等,结合桥梁结构和负荷特点,以及结合调研情况,电压等级宜采用10kV。

长距离中压长电缆主要指为公路照明等容性负载供电的中压供电电缆。

3.3.7 中压供电网络尚应符合现行《大型公路桥梁中压配电系统技术条件》(JT/T 823)的有关规定。

3.4 变配电所设置

3.4.1 变配电所设置应符合下列规定:

1 应结合桥梁结构形式、长度。
2 应结合所在地区的气候、环境。
3 应结合外电源条件,以及负荷等级、容量和分布。
4 应结合施工、运维的安全便利。

条文说明

变配电所设置主要指主桥变配电所、引桥变配电所设置的位置、数量、类型等。

3.4.2 主桥变配电所宜按以下优先级设置:
1 宜设置在主塔下横梁内部。
2 当主塔下横梁内部不具备变压器安装条件时,变压器可安装在下横梁上部,其他设备安装在下横梁内部。
3 当主塔下横梁内部不具备条件时,可设置在下横梁上部。
4 当主塔下横梁内部和上部均不具备条件时,可设置在主塔内部。

条文说明

在露天设置时应做好相应雨雪、安全等防护措施。

下横梁处变配电所应考虑人员维护、管线敷设、设备运输等通道,并符合第 7 章管道和线缆的有关规定。

典型主桥变配电所示意图如图 3-1 和图 3-2 所示。

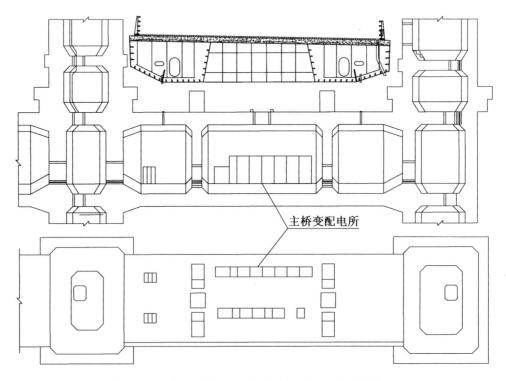

图 3-1 主桥变配电所立面图和平面图(下横梁内部)

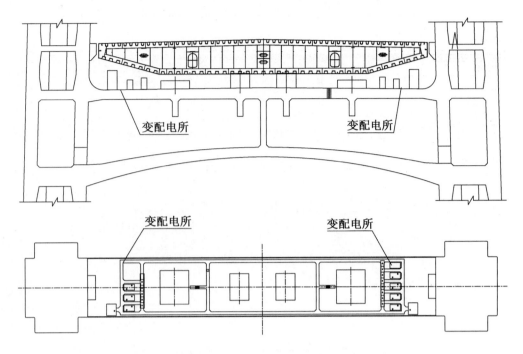

图 3-2　主桥变配电所立面图和平面图（下横梁上部）

3.4.3 引桥变配电所宜按以下优先级设置：

1 宜设置在检修平台上。
2 可设置在箱梁内部。
3 可设置在桥下，但变配电所地平面不应低于百年水位，并应设置防护措施。

条文说明

考虑景观和防腐需求，引桥变配电所可设置在箱梁内部和桥下，但应考虑人员维护、管线敷设、设备运输等通道。

典型引桥变配电所如图 3-3～图 3-5 所示。

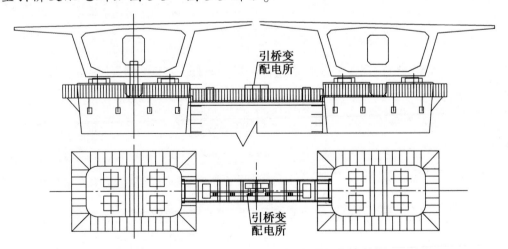

图 3-3　引桥变配电所立面图和平面图（检修平台上）

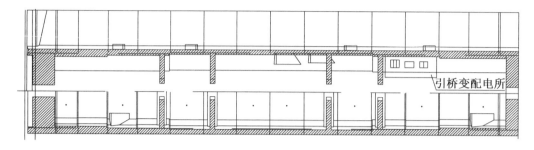

图 3-4　引桥变配电所平面图(箱梁内部)

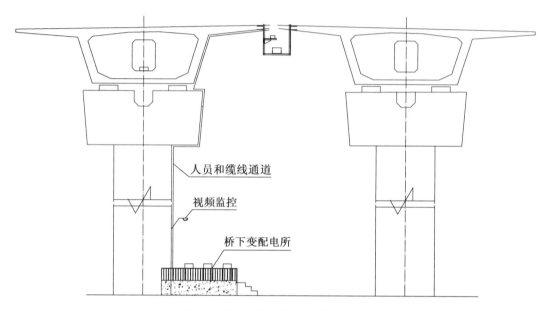

图 3-5　引桥变配电所立面图(桥下)

3.4.4　变配电所设备装置的安全净距应符合建筑电气等有关标准要求。

条文说明

因桥梁结构形式特殊,应根据现场情况对变配电所场地进行调整,以符合相关标准要求。

3.4.5　变配电所设置在桥梁结构内部时应设置通风、照明、消防设备,并根据情况设置除湿、空调等设备。

条文说明

变配电所应设置灭火器等消防设备。

3.4.6　中压电容器装置宜设置在单独房间。

3.4.7　有六氟化硫气体绝缘电气装置的房间,应装设报警信号和排风装置。

3.5 供电设施

3.5.1 主变电所主接线应采用单母线分段,主桥变配电所主接线宜采用单母线分段,其他变配电所主接线宜采用单母线。

3.5.2 变配电所非专用电源线的进线侧应装设断路器,专用电源线的进线侧宜装设断路器;变配电所至其他变配电所出线应装设断路器,至变压器出线可装设负荷开关-熔断器组合电器。

3.5.3 主桥变配电所宜设置两台变压器。

3.5.4 装有两台及以上变压器的变配电所,当任意一台变压器断开时,其余变压器的容量应能满足全部一级负荷及二级负荷的用电。

3.5.5 为减小电压偏差,供电设施应符合下列要求:
1 应采取补充无功功率措施。
2 应正确选择变压器的变压器比和电压分接头。
3 应根据电源情况设置稳压电源等稳压措施。

3.5.6 变配电所宜采用并联电容器作为无功补偿装置,应在变配电所内集中补偿。

3.5.7 所用电源、操作电源应符合现行《20kV及以下变电所设计规范》(GB 50053)的有关规定。

3.6 配电设施

3.6.1 接地系统宜采用TN-S系统。

3.6.2 带电导体形式宜采用单相三线制、三相五线制,在接地线连续时可采用单相二线制、三相四线制。

3.6.3 由主桥变配电所、引桥变配电所至配电箱或分配箱,宜采用树干式或放射式与树干式相结合的混合式配电。当用电负荷容量较大或用电负荷较为重要时,宜采用放射式配电。

3.6.4 特大桥各类电力负荷应根据性质、功能的不同,设置独立配电回路。

3.6.5 220V单相或380V单相用电设备接入220V/380V三相系统时,宜使三相平衡。

3.6.6 正常运行情况下,用电设备端子处电压偏差允许值宜符合下列要求:
1 电动机为±5%额定电压。
2 照明为±5%额定电压;对于远离变配电所的应急照明、景观照明等负荷,可为+5%、-10%额定电压。
3 其他用电设备当无特殊规定时为±5%额定电压。

3.6.7 结构内部照明、检修电源宜采用主干电缆、分支电缆结合的配电形式,敷设路由相近时宜共用接地线。

条文说明

由于结构内部照明灯具安装位置与主干电缆之间有一定距离,因此采用分支电缆方式更节省成本,便于安装。

由于结构内部照明、检修电源主干电缆路由基本相同,为节省造价可共用一根接地线。

3.6.8 钢箱梁内部可利用预留支架等方式敷设低压配电电缆。

条文说明

采用预留支架等方式敷设低压配电电缆可以防止后期安装支架对钢箱梁防腐层结构造成损坏。

3.6.9 箱梁内部低压配电电缆明敷时宜采用阻燃管材保护。

条文说明

设置阻燃管材除防火需求外,还能减少由于桥梁振动引起电缆与箱梁摩擦产生的电缆损害。

3.6.10 箱梁内部低压配电电缆接线宜采用接线箱。

条文说明

采用接线箱有利于现场施工和调试,也便于后期维护。

3.7 供配电设备

3.7.1 中压开关柜宜符合下列规定:

1 安装在桥梁上的中压开关柜宜采用分体式紧凑型环网柜。
2 主变电所宜采用金属铠装中置移开式开关设备。

条文说明

桥梁结构内部采用紧凑型环网柜主要考虑其防护等级高,且可以节省安装位置的优点,而选择分体柜便于安装和后期扩容。

主变电所采用金属铠装中置移开式开关设备主要考虑其易于操作,便于检修的优点。

3.7.2 配电变压器宜符合下列规定:
1 宜选用 D,yn11 接线组别的变压器。
2 变压器应符合能效限定值,宜达到和优于节能评价值。
3 变配电所设置单台变压器时,长期工作负载率不宜大于85%。
4 变压器低压侧电压为0.4kV时,单台变压器容量不宜大于800kVA。

3.7.3 安装在桥梁上的变压器应符合下列规定:
1 安装在桥梁结构内部的变压器应选择干式绝缘或非可燃性液体绝缘变压器。
2 安装在桥梁结构内部的干式绝缘变压器外壳防护等级应不低于IP45,并具有抗腐蚀措施。
3 安装在桥梁接线用地范围内的埋地式变压器应选择油浸式变压器,其外壳防护等级应为IP68,并具有抗腐蚀措施。
4 应考虑变压器振动对桥梁结构的影响。

条文说明

本条参考了《大型公路桥梁中压配电系统技术条件》(JT/T 823—2019)第5.4.1条的有关规定。桥梁结构内部包括主塔横梁内、主塔内、平台上、箱梁内部、锚栓内等。

考虑到变压器振动对桥梁结构影响,应根据设置位置谨慎采用非晶合金变压器。

3.7.4 低压配电柜(箱)应符合下列规定:
1 双电源进线、两进线一母连接线应采取防止两路电源并列运行的措施。
2 户外低压配电柜(箱)防护等级应不低于IP54。
3 低压配电柜(箱)尺寸应结合运输、安装和检修情况综合确定。

条文说明

桥梁周边环境较为恶劣,对于露天设置的设备必须考虑防尘、防水性能,根据《住宅建筑电气设计规范》(JGJ 242—2011)第6.2.5条规定:"当电源进线箱设在室外时,箱体防护等级不宜低于IP54。"

本条也适用于分配箱。

3.7.5 电容补偿宜符合下列规定：
1 宜采用三相共补方式。
2 单相负荷较多时可采用单相分补方式。
3 系统运行方式快速变化时可采用动态无功补偿。

条文说明
电容补偿柜外壳防护等级、尺寸等参照低压配电柜相关规定。

3.7.6 不间断电源装置（UPS）应符合下列规定：
1 UPS维持供电时间不应小于30min。
2 对计算机供电时，UPS的额定输出功率不应小于计算机各设备额定功率总和的1.2倍；对其他用电设备供电时，其额定输出功率不应小于最大计算负荷的1.3倍。
3 UPS应具有手动、自动旁路装置。
4 UPS应具有对电池组进行测量及显示的功能。

条文说明
当不间断电源故障或检修时，电源可经旁路开关向负荷供电。

3.8 节能措施

3.8.1 供配电设施应采用下列节能措施：
1 应合理设置变配电所，靠近负荷中心。
2 应合理设置配电级数，减少电能损失。
3 应合理补偿无功功率，功率因数应达到90%以上。
4 应合理选择线缆截面，中压供电电缆应校验经济电流密度。
5 采用太阳能、风能等新能源时应进行技术经济比较。

4 照明设施

4.1 一般规定

4.1.1 照明设施包括公路照明、结构内部照明、检修电源、照明控制。

条文说明

公路照明指桥梁道路照明。

照明控制主要指对公路照明、结构内部照明的本地、远程的手动和自动控制。

4.1.2 公路照明设置应符合下列要求：
1 主桥应设置公路照明。
2 引桥宜设置公路照明。

4.1.3 公路照明应遵循下列原则：
1 应满足公路安全性要求，兼顾舒适性。
2 应具有良好的视觉诱导性。
3 照明灯具和布置方式应结合桥梁结构形式和周围景观，灯具光源色调应与景观照明相匹配。
4 照明灯具应防止眩光，不得使用对船舶航行等水上交通及渔业活动造成不利影响的照明设施。
5 应贯彻科学合理、经济安全、节能高效的原则。

条文说明

灯具、布置、眩光等要求参考《公路照明技术条件》(GB/T 24969—2010)第7.3.2条的有关规定。

4.1.4 结构内部照明和检修电源设置条件应符合下列要求：
1 钢箱梁、主塔应设置结构内部照明和检修电源。
2 悬索桥锚室、鞍室应设置结构内部照明和检修电源。
3 安装有机电设备或管线的混凝土箱梁、机电设施检修平台宜设置结构内部照明和检修电源。

4 桥面宜设置检修电源。

条文说明

根据国内特大桥运维经验,未安装机电设备或管线,并且无检修需求的混凝土箱梁,可不设置结构内部照明和检修电源。

4.2 公路照明

4.2.1 公路照明质量应符合现行《公路照明技术条件》(GB/T 24969)中路面平均亮度、路面总均匀度、路面纵向均匀度、眩光限制阈值增量、环境比等要求。

4.2.2 公路照明宜采用 LED 光源。

4.2.3 公路照明宜采用低杆照明,也可采用低位照明;采用低杆照明时宜采用截光型灯具。

条文说明

采用桥梁护栏灯进行低位照明除应满足公路照明质量要求外,还应考虑外侧大型车辆遮挡内侧车道照明和眩光等问题。

特大桥属于重点路段,交通量大,需严格控制眩光,而非截光型灯具投光分布面积大,容易造成眩光,且节能性较差,故建议采用截光型灯具。

4.2.4 当特大桥地处雾区时,宜设置雾灯,也可选择低色温灯具。

条文说明

低色温灯具透雾性较好,在轻雾区时可选择低色温的 LED 灯,在较为恶劣的浓雾区时也可采用高压钠灯等透雾性更好的灯具。

4.2.5 灯具布设应根据公路横断面形式、宽度、照明灯具配光性能确定。单车道时宜采用单侧布置,两车道和三车道时宜采用整幅两侧对称或两侧交错布置,四车道时宜采用单幅两侧对称或两侧交错布置。

条文说明

特大桥公路照明灯具布设间距除满足照明设计指标以外,仍需结合特大桥主体斜拉索、悬索与主梁连接部等构造进行协调确定,安装位置应防止与斜拉索冲突。

考虑到灯具在中央分隔带布设时不利于检修,除四车道外建议在路侧布置灯具。

典型特大桥公路照明灯具布设如图 4-1 和图 4-2 所示。

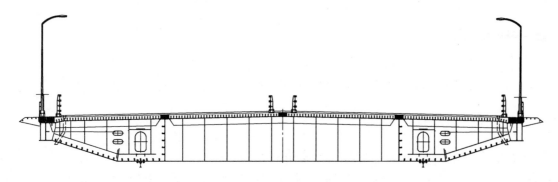

图 4-1　钢箱梁(主桥)公路照明灯具布设图

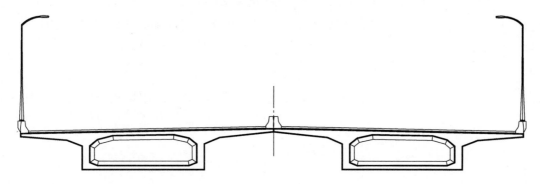

图 4-2　混凝土箱梁(引桥)公路照明灯具布设图

4.2.6　两侧布置灯具时,公路照明灯具高度 H 可按式(4.2.6)计算选取。

$$H \geqslant 0.4W \quad (4.2.6)$$

式中:H——灯具高度(m);

W——灯具横向宽度(m)。

公路照明灯具间距 S 可按 $S \leqslant 3H$ 取值。

条文说明

本条参考了《公路照明技术条件》(GB/T 24969—2010)和《城市道路照明设计标准》(CJJ 45—2015)的相关规定。根据截光型灯具配光曲线特点,灯具最大光强方向与灯具向下垂直轴夹角在 0°~75°之间,考虑灯头安装仰角等因素,对路灯高度与桥面宽度之间的关系做出上述规定。

灯具横向宽度在整幅两侧布置时为整幅路面宽度,在单幅两侧布置时为单幅路面宽度。

4.2.7　公路照明灯具的仰角不宜超过 10°。

条文说明

本条参考《公路照明技术条件》(GB/T 24969—2010)对灯具仰角的相关规定,并考虑特大桥公路照明对眩光的严格控制等因素。

4.3 结构内部照明

4.3.1 结构内部照明设计照度不应小于 15 lx。

条文说明

本条充分考虑了我国公路特大桥运营维护现状,特大桥结构内部照明主要是为保证桥梁维护、检修作业时的人员安全通勤视觉需求,而现场维护、检修作业所需工作照明由现场人员携带的检修作业灯提供,检修作业灯电源引自检修电源插座。因此参考《建筑照明设计标准》(GB 50034—2013)第 5.5.3 条的相关规定,结构内部照明设计照度按照安全照明照度标准取值。

4.3.2 结构内部照明灯具宜采用顶部或侧面均匀布设,灯具设置高度应利于维护更换。

条文说明

结构内部照明灯具设置要考虑运维人员通勤通道,以及管线、设备等通道,应根据结构内部断面均匀布设灯具。

典型混凝土箱梁(引桥)内部照明灯具布设形式如图4-3所示。

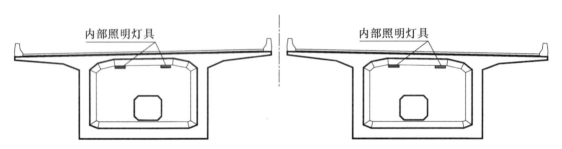

图 4-3　混凝土箱梁(引桥)内部照明灯具布设图

4.3.3 钢箱梁内部照明宜设置在人孔上部。

条文说明

典型钢箱梁(主桥)内部照明灯具布设形式如图4-4所示。

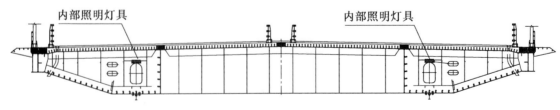

图 4-4　钢箱梁(主桥)内部照明灯具布设图

4.3.4 结构内部照明光源宜采用节能型灯具。

条文说明

由于内部照明利用率较低,因此可采用价格更为经济的节能型荧光灯,也可采用 LED 灯。

4.4 检修电源

4.4.1 检修电源设置宜遵循下列原则:
1 箱梁宜按照间距不大于 50m 设置检修电源。
2 主塔宜在每层平台设置检修电源。
3 锚室宜在每侧墙壁设置检修电源。
4 桥面宜结合公路照明灯具布设设置检修电源。

条文说明

箱梁内检修电源也可根据每节箱梁长度设置,但间距不宜大于 50m。
桥面宜按照每两处公路照明灯具间隔设置一处检修电源。

4.4.2 检修电源安装宜符合下列规定:
1 箱梁内检修电源宜安装于箱梁侧壁、托架等处,且不应破坏钢箱梁内表面。
2 主塔内检修电源宜安装于主塔侧壁。
3 安装在结构内部时安装高度距离地面宜小于 1.5m。

4.4.3 检修电源选择应符合下列规定:
1 安装在结构内部时应采用工业级插座箱。
2 应采用三相和单相组合。
3 安装在箱体上构成成套设备时插头插座的防护等级应不低于 IP44,其他情况下应不低于 IP67。

4.5 照明控制

4.5.1 公路照明控制方案应结合日照强度、光源特性、时间、交通量、设计速度、天气条件等制订。

4.5.2 公路照明控制宜以智能控制为主,手动控制为辅。

条文说明

智能控制是根据实时采集的桥面日照强度、时间、交通量、天气条件等参数,自动调控照明亮度。

手动控制方式是运营管理人员根据桥面日照强度、时间、交通量、天气条件等参数,人工调控照明亮度,手动控制优先级最高。

4.5.3 结构内部照明控制宜符合下列规定:

1 宜具有现场、远程控制功能。
2 主塔内部照明上行宜采用双控模式。
3 引桥内部照明宜在每一节箱梁出入口处实现双控。
4 主桥内部照明宜按照50m间距为一个控制区段,现场控制宜采用双控模式。

4.6 节能要求

4.6.1 特大桥照明应合理选择参数,通过经济技术分析论证,确定节能方案。

4.6.2 LED灯具宜满足以下要求:

1 在额定电压和额定功率下工作时,其实际消耗的功率与额定功率之差应不大于10%。
2 功率因数不小于0.95。在额定电压和额定功率下工作时,其功率因数实测值不低于制造商标称值的0.05。
3 谐波含量不大于15%。
4 灯具初始光效不应低于110 lm/W。

4.6.3 特大桥公路照明功率密度值宜符合表4.6.3的要求。

表4.6.3 特大桥公路照明功率密度值要求

公路照明等级	车道数(条)	照明功率密度值(W/m²)	
一级	≥6	高压钠灯:≤1.05	LED灯:≤0.63
	<6	高压钠灯:≤1.25	LED灯:≤0.75
二级	≥6	高压钠灯:≤0.70	LED灯:≤0.42
	<6	高压钠灯:≤0.85	LED灯:≤0.51

条文说明

根据公路工程经验,高压钠灯养护系数可取0.7、利用系数可取0.4,而LED养护系数可取0.7、利用系数可取0.85。因此对仅适用于光源为高压钠灯条件的《公路照明技术条件》(GB/T 24969—2010)中表4"公路照明功率密度值要求",按照LED灯进行适当换算,得出本表。

4.7 灯杆与灯具

4.7.1 灯杆应满足下列要求:
1 应为钢结构,使用寿命不小于30年。
2 所有紧固件应有防腐和防松措施。
3 应能承受桥梁设计寿命期限内桥面所在高程的最大设计风速。
4 宜采用不锈钢或热镀锌材质防腐,材质应符合现行《公路交通工程钢构件防腐技术条件》(GB/T 18226)的有关规定。
5 结构应符合现行《高耸结构设计规范》(GB 50135)和《钢结构设计规范》(GB 50017)的有关规定。
6 与摄像机等机电设备共杆时应满足挠度要求。

4.7.2 灯具应符合下列要求:
1 可与桥梁主体结构接地系统连接或设置专用地线,接地电阻不应大于4Ω。
2 防护等级应不低于IP65。
3 结构内部照明应采用防震灯具。
4 可采用具有自清洗功能的灯具。

4.7.3 LED光源应符合下列要求:
1 安全要求应符合现行《普通照明用LED模块 安全要求》(GB 24819)的有关规定。
2 电源寿命应不低于30000h。
3 光源的显色指数Ra应不小于65。
4 光源的相关色温应不高于5000K。

5 电梯和除湿等设施

5.1 电梯

5.1.1 高度大于或等于50m的主塔宜设置电梯。

条文说明

目前尚无规范规定设置电梯的主塔高度，设置电梯主要基于内部养护、监视、检修等需求，考虑到运营维护人员的体力消耗，以及建筑高度大于50m的公共建筑为一类高层建筑，因此建议高度大于或等于50m上时设置电梯。

高度指主塔顶部地面距主塔入口地面的高度，主塔入口地面通常与桥面位于同一水平面。

5.1.2 电梯宜设置在中塔柱和上塔柱，可单侧或双侧设置。

条文说明

需检修的设施主要集中于中塔柱、上塔柱，且距离桥面较远，因此为检修维护便利通常设置电梯；下塔柱需检修设施较少，且距离桥面较近，并且由于结构复杂设置难度较大。

结合主塔结构形式确定是否具备双侧电梯安装条件，再结合运营维护需求综合确定单塔肢或双塔肢设置电梯。在单侧主塔设置电梯时，应做好未设置电梯主塔的围封设计。

5.1.3 电梯类型宜采用曳引式，也可采用齿轮齿条式。

条文说明

两种方式目前在特大桥都有应用案例。其中曳引式电梯可长期固定使用，多用于恶劣环境，具有较好的防腐、防锈、防尘等能力，且密封性高，减震降噪性能好，乘坐舒适；而齿轮齿条式电梯停靠灵活，造价低。

5.1.4 电梯宜采用上塔柱与中塔柱合设的斜行电梯方案，也可采用斜梯与直梯分设方案。

条文说明

斜行电梯可从底部直接升至塔顶,在上塔柱与中塔柱交汇处无须换乘,有利于检修维护人员通行。采用斜行电梯方案需在主塔结构设计阶段与桥梁设计沟通,做好塔柱交汇处电梯预留预埋方案。

采用斜梯与直梯分设方案应提前与桥梁结构设计沟通换乘方案。

5.1.5 主塔每个塔柱均应设置检修爬梯。

条文说明

为提高运营维护的安全性和便利性,无论是否设置电梯,每个塔肢均应设置检修爬梯。

5.1.6 电梯宜自带通信接口,并具有远程监测功能。

条文说明

电梯宜自带通信接口,集控站应能对电梯的上行和下行状态、开门和关门状态、超载和故障状态、报警信息、轿箱位置、视频图像等信息进行远程监测。

5.1.7 电梯生产厂家在安装前应根据主塔结构进行深化设计,并核查和优化预留预埋方案。

5.2 除湿设施

5.2.1 应结合桥梁结构形式确定防腐方式。

条文说明

钢构件防腐包括除湿、防腐涂料、阴极防腐等方式,也可以是上述几种防腐方式的组合。

5.2.2 除湿设施应设置在封闭空间内。

条文说明

除湿机是通过循环封闭空间内的空气,逐渐降低空气中的水分。如果空间不封闭,外界的潮湿空气不断混合到空间内,将增大除湿机负荷量,导致除湿机运转效率很低,无法达到除湿效果。

5.2.3 桥梁钢结构内部和钢构件集中区域宜设置除湿设施。

条文说明

裸露在空气中,且空间相对封闭的桥梁钢构件适宜设置除湿设施,采用除湿防腐可以有效提高钢结构防腐能力,延长桥梁使用寿命。

钢塔和钢构件较多的主塔宜在内部设置除湿设施;悬索桥的锚室、鞍室、主缆内有大量的钢构件宜设置除湿设施。

整体式、分离式双边箱等相对密封性较好的钢箱梁和钢叠合梁宜在箱梁内部设置除湿设施,图5-1所示为整体式钢箱梁除湿方案示例。对于工字形断面梁等底板不封闭结构形式,除湿设施无法设置,应采用其他防腐方式。

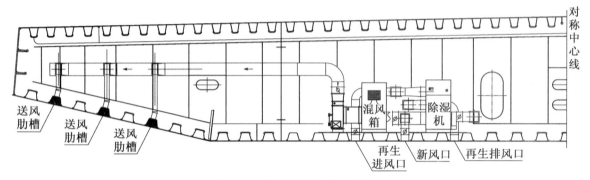

图 5-1 整体式钢箱梁除湿方案

5.2.4 钢箱梁底板为U肋结构时,可采用U肋进行桥梁纵向送风,桥梁横向采用风管送风;当钢箱梁无U肋结构时,桥梁横向及纵向均需设置风管送风。

5.2.5 除湿设施应选用转轮除湿机。

条文说明

与冷冻除湿机相比,转轮除湿机在运行噪声、除湿量上具有明显优势,特别适用于低湿条件下的除湿,同时也更经济。

5.2.6 应合理安排除湿机组的装配节点。

条文说明

钢箱梁节段施工在拼装场完成,鼓风机、除湿机组及其他主要部件在钢箱梁节段运到桥梁工地前完成,拼装成组件存放,或在组装总成后安装。上塔柱钢锚箱除湿设备应在主塔封顶之前,将鼓风机、除湿机组及其他主要部件组装总成后装入上塔柱内。

5.2.7 除湿设施应具备新风更换功能,新风进入钢箱梁时应经过除湿处理,保证新风为干燥空气。

5.2.8 根据除湿体积、除湿机设备选型确定除湿机设置规模。

条文说明

锚室、鞍室通常设置一套除湿机;主塔可根据上横梁体积设置一套或两套除湿机。

钢箱梁可根据除湿体积设置多组除湿机,除湿机单方向负责距离通常不超过260m。单方向负责距离主要由送风距离和回风距离决定,常规 U 肋结构送风距离可以达到300m 以上,通过增加送风 U 肋数量,减少单 U 肋内送风量的方式还可以再增加送风距离,但会导致送风口的风速降低,空气流动效果减弱,而送风口风速需要控制在 4~6m/s 为宜。此外,回风距离越远,回风效果也越差,因此单方向负责距离通常控制在 200~300m 为宜,本指南选择260m 作为参考距离。

经对国内主流除湿机厂家进行调研,提供以下数据(表 5-1)供参考。

表 5-1　国内主流除湿机参数

序号	除湿机处理风量(m^3/h)	循环风机风量(m^3/h)	建议除湿体积(m^3)
1	1100	4000	8000~12000
2	690	3000/3500	6000~8000
3	420	2500	3000~5000
4	180	—	1000

5.2.9 除湿机应自带通信接口,并具备远程监控、本地监控和自动运行功能。

条文说明

除湿机应通过自带通信接口实现远程监控功能,可实现在集控站查看各送气站的设备工作状态及信号数据,便于集中管理、可视化控制,从而减轻运营期内管理单位日常巡视的工作量;同时集控站应能对除湿空间的温度、湿度和气压,除湿机运行情况、故障报警等信息进行远程控制,在人员进入钢箱梁时提前开启新风机,改善钢箱梁内空气质量。

本地仪表应具备温度、湿度、压力信号等显示功能,便于运维人员日常在现场开展检查、记录等工作。

除湿设施应具有自动运行功能,正常情况下处于自动运行状态,在紧急状况时,可远程启动和停止除湿机。

5.2.10 除湿机生产厂家在安装时,应根据桥梁结构形式进行深化设计,并核查和优化预留预埋方案。

5.3　航空障碍灯

5.3.1 对于下列影响航空器飞行安全的主塔应设置航空障碍灯:

1 高度大于或等于45m的主塔。
2 在民用机场净空保护区域内修建的主塔。
3 在建有高架直升机停机坪的城市中修建的影响飞行安全的主塔。

条文说明

高度指高出周边地面水平面的高度。

5.3.2 障碍灯的设置应显示出主塔的最顶点和最大边缘。

5.3.3 障碍灯设置应符合下列规定：
1 高度小于或等于45m的主塔，可只在主塔顶部设置一层障碍灯。
2 高度大于45m的主塔应设置多层障碍灯，各层的间距不应大于45m，并宜相等。
3 高度超过150m的主塔顶层应采用高光强A型障碍灯，其间距应控制在75～105m范围内，在高光强A型障碍灯分层之间应设置低、中光强障碍灯。

条文说明

本条参照了《烟囱设计规范》(GB 50051—2013)的有关规定。障碍灯具体设置间距和选择光强还需结合附近建筑物顶部高程确定。

5.3.4 每层障碍灯的数量应根据其所在高程主塔的外径确定，并应符合下列规定：
1 外径小于或等于6m，每层应设3个障碍灯。
2 外径大于6m，但不大于30m时，每层应设4个障碍灯。
3 外径大于30m，每层应设6个障碍灯。

5.3.5 航空障碍灯宜采用侧壁开孔式。无条件时，每层障碍灯可设置维护平台。

条文说明

航空障碍灯的安装方式应便于设备安装及后期维护，如果前期没有预留检修通道，后期维护将非常困难。

侧壁开孔应向外倾斜不低于10°，防止雨雪通过开孔进入主塔内。

5.3.6 所有障碍灯应同时闪光，高光强A型障碍灯应自动变光强，中光强B型障碍灯应自动启闭。

条文说明

为了能显示出主塔的外轮廓，为过往航空器提供指引，航空障碍灯应同步闪烁。

5.3.7 所有障碍灯应能自动监控,并应使其保证正常状态。

条文说明
航空障碍灯应自带通信接口,集控站应能对其工作状态和故障报警等信息进行远程监控,通过自动控制装置实现开灯、关灯和同步闪烁等各种控制功能。

5.3.8 航空障碍灯尚应符合现行《国际民用航空公约》附件14《机场》、《民用机场飞行区技术标准》(MH 5100)、《航空障碍灯》(MH/T 6012)的有关规定。

5.4 桥梁视觉航标

5.4.1 桥梁视觉航标指通航孔桥涵标、桥梁警示标志。

条文说明
本条所指的桥梁视觉航标主要指桥梁上设置的标志,其余标志不在本指南范围内。
通航孔桥涵标包括通航孔左、右侧标志,中央标志、单向通航桥孔标志、禁航标志等。

5.4.2 通航孔桥涵标应结合通航孔水运组织情况设置。

5.4.3 通航孔桥涵标宜符合下列规定:
1 宜采用有源方案。
2 宜采用 LED 冷光源带显示,显形距离应满足相关规定要求。
3 宜配置通信接口,并设置自动控制装置。

条文说明
设备控制系统通过航道标志灯的通信接口监测其工作状态和故障报警等,通过自动控制装置实现开灯、关灯等各种控制功能。

5.4.4 桥梁警示标志可设置在桥墩承台上方。

条文说明
桥梁警示标志应考虑警示标志的安装平台及检修通道。

5.4.5 桥梁视觉航标尚应符合现行《中国海区可航行水域桥梁助航标志》(GB 24418)、《内河助航标志》(GB 5863)、《内河通航水域桥梁警示标志》(JT 376)的有关规定。

5.5 工作电话

5.5.1 工作电话宜设置在机电设备集中区域。

条文说明

机电设备集中区域主要指主桥变配电所、引桥变配电所,以及锚室、鞍室、主塔、箱梁内除湿机、配电柜等机电设备集中区域。

5.5.2 工作电话应具有防尘、防潮、防震功能,沿海地区还应考虑防盐雾功能。

5.5.3 工作电话宜按照业务电话设置。

6 综合集控系统

6.1 一般规定

6.1.1 特大桥宜配置综合集控系统。综合集控系统包括电力监控、设备控制和安防监控三个子系统。

条文说明
    桥梁结构健康监测通常单独设置，不纳入综合集控系统。

6.1.2 综合集控系统应遵循下列原则：
1 应采用通用化、模块化设计。
2 结构应简单、经济和实用。
3 应具备集成化功能。
4 应具备可扩展性和易维护性。

条文说明
    集成化是指提高各子系统的开放性、兼容性、用户友好性，使之运行在同一个系统平台上，并进行组合和优化，避免子系统相互独立造成的重复投资、功能单一的弊病。
    可扩展性指预留变配电所数量和设备控制对象的可扩展功能。

6.1.3 综合集控系统应预留桥梁结构健康监测接口。

6.1.4 电力监控、设备控制和安防监控各功能模块应开放协议，统一集成至综合集控系统中。

6.2 系统构成

6.2.1 综合集控系统应具有数据采集、处理和存储，状态监视和控制，信息记录和查询，报警及处理等功能。

6.2.2 综合集控系统宜分为集控站、传输层和终端设备。

条文说明

终端设备安装在各变配电所的中压开关柜、低压配电柜(箱)、变压器,以及电梯、除湿机等处,实现对现场设备的数据采集、状态监视、信息记录和控制执行功能。

6.2.3 集控站宜设置在管理中心或主变电所。

条文说明

综合集控系统软件实时运行在集控站工作站上,以保证对综合集控系统全局运行状态的掌握,并协调各子系统之间的运行。

6.2.4 传输层宜采用工业以太网和现场总线相结合的传输方式。

条文说明

传输层主要由工业以太网设备、光缆和通信管理机组成。通信管理机上行接入工业以太网交换机,下行与终端设备通信。

6.3 电力监控

6.3.1 特大桥宜对中压开关柜、低压配电柜(箱)、电容补偿、变压器、应急电源、柴油发电机组进行电力监控。

6.3.2 电力监控系统继电保护和自动装置应符合现行《电力装置的继电保护和自动装置规范》(GB/T 50062)的有关规定。

6.3.3 变压器、应急电源通信接口应符合电力监控功能要求。

6.4 设备控制

6.4.1 特大桥宜对公路照明、结构内部照明、景观照明、电梯、除湿机、航空障碍灯、桥梁视觉航标进行设备控制。

6.4.2 电梯、除湿机、航空障碍灯、桥梁视觉航标通信接口应符合设备控制功能要求。

6.5 安防监控

6.5.1 安防监控宜设置在变配电所、电梯、除湿机,以及主桥箱梁、主塔下横梁、主塔入口和塔顶等处。

6.5.2 安防监控宜包括视频、温度、烟雾、外物闯入等监控功能。

条文说明

可根据设备重要性、管理需求等选择性配置安防监控各项功能。

7 管道和线缆

7.1 一般规定

7.1.1 管道和线缆,以及相应基础、预埋件和预留孔应结合桥梁结构形式、机电设施要求设置。

条文说明

管道按照功能分类,包括敷设通信光缆的通信管道、敷设电力电缆的电力管道。电力管道又分为敷设中压供电电缆的中压电力管道,以及敷设低压配电电缆和信号电缆的低压电力管道;管道按照管材和形式分类包括钢管、硅芯管、聚氯乙烯(PVC)管、桥架、管箱、支架、线槽等。

线缆指通信光缆、信号电缆、中压供电电缆、低压配电电缆等各种缆线。

基础指在桥面上用于固定标志、路灯、情报板、摄像机等设备的承重结构。

预埋件指预埋在结构物内部用于固定设备、缆线的法兰、地脚螺栓、支架、钢管等的金属件。

预留孔指设置在桥梁结构物内用于线缆穿过的孔。

机电设施要求主要指通信、监控、供电、照明等设施的设备安装、线缆敷设等要求。

7.1.2 管道和线缆,以及相应基础、预埋件和预留孔应遵循下列原则:
1 应安全、美观、经济、合理。
2 应满足近期需求,同时兼顾远期需要。
3 不应对桥梁结构安全、耐久性等产生影响。
4 应易于施工,便于维护。

7.2 管道

7.2.1 管道应符合下列规定:
1 应结合管道所处位置、重要性等因素综合考虑防火、隔热等性能。
2 应结合桥梁设计年限考虑耐久性。
3 管材应满足强度、刚度、屏蔽干扰等要求,并应符合现行《公路地下通信管道高密度聚乙烯硅芯塑料管》(JT/T 496)、《通信管道与通道工程设计规范》(GB 50373)的有关规定。

4 电力管道、通信管道应分开设置,安全距离应符合现行《通信管道与通道工程设计规范》(GB 50373)的有关规定。

7.2.2 通信管道管孔数量应满足下列要求:

1 应满足本工程通信需求。

2 应符合所在地区通信联网规划要求,并与相邻路网通信管道管孔数量相均衡、协调。

3 应兼顾系统扩容和对外出租需求。

4 设置在主桥、引桥上的通信管道管孔数量应在接线道路数量基础上适当增加。

7.2.3 通信管道宜采用下列方式设置:

1 主桥通信管道宜设置在箱梁内。

2 引桥通信管道宜采用在护栏外部设置管箱方式,也可设置在箱梁内。

7.2.4 电力管道管孔数量应满足下列要求:

1 中压电力管道管孔数量应满足中压供电网络要求。

2 低压电力管道管孔数量应满足照明、监控等设施配电、控制要求。

7.2.5 电力管道宜采用下列方式设置:

1 主桥电力管道宜设置在箱梁内。

2 引桥敷设公路照明和监控外场设备低压配电电缆的电力管道宜设置在护栏内。

3 引桥其他电力管道宜采用在护栏外部设置管箱方式,也可设置在箱梁内。

条文说明

各类型通信管道、电力管道参考设置方式如图7-1~图7-4所示。

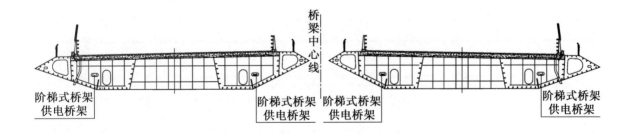

图7-1 主桥(分幅式钢箱梁)管道设置断面图

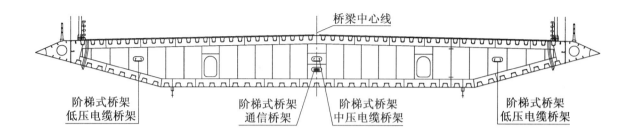

图 7-2 主桥(整体式钢箱梁)管道设置断面图

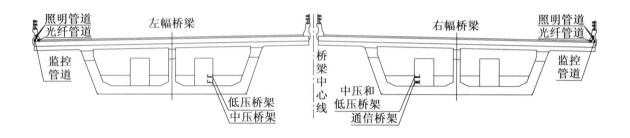

图 7-3 引桥(箱梁内和护栏内)管道设置断面图

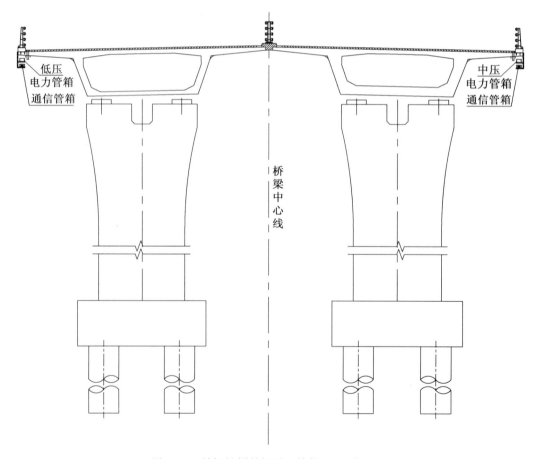

图 7-4 引桥(护栏外部设置管箱)设置断面图

7.2.6 当桥梁上跨高铁、城铁等电气化铁路或对上跨桥梁有较高要求的道路时,管道不应采用外挂方式。

7.2.7 设置在箱梁内管道宜采用桥架形式。

7.2.8 护栏外部设置管箱宜符合下列规定:
1 宜在护栏座内预埋一体式管道托架方式。
2 当采用后固定方式时,连接锚栓宜采用自切底锚栓、化学锚固螺栓。

条文说明
连接锚栓应保证与桥梁的可靠连接,其抗拉、抗剪强度均应满足受力要求。

7.2.9 桥头连接处管道宜符合下列规定:
1 在桥头两端路基上宜设置桥头人(手)孔。
2 在桥头两端路基上宜设置横向管道。

条文说明
在桥头两端设置桥头人(手)孔主要目的是作为桥上管道与路基的过渡点。

7.3 线缆

7.3.1 箱梁内敷设的中压供电电缆宜采用低烟无卤电缆。

7.3.2 低压配电干线宜采用交联聚乙烯绝缘铜芯电缆,桥梁健康监测、监控设施等重要负荷电缆宜选用耐火电缆,其他线缆宜选用阻燃电缆。

7.3.3 电缆敷设路由应遵循光缆、低压配电电缆、中压供电电缆分离原则,合理布置电缆分层及交叉位置,并应符合现行《电力工程电缆设计规范》(GB 50217)的相关规定。

7.3.4 电缆桥架上电缆总截面积与桥架托盘内横断面积的比值不应大于40%。

7.3.5 在箱梁内敷设的电缆可设置火灾监测系统。

条文说明
根据线缆所处结构物的重要程度,以及供电负荷的重要性设置电缆火灾监测系统。

7.4 基础、预埋件和预留孔

7.4.1 基础、预埋件和预留孔应由交通工程设计单位提出条件和要求,由桥梁设计单位结合桥梁结构形式进行设计。

条文说明

交通工程设计单位应向桥梁设计单位提供基础基顶反力、上部结构尺寸及重量、底法兰及地脚螺栓尺寸、设备桩号及位置等条件和要求,基础形式应结合桥梁结构形式与桥梁设计单位共同确定。在提供基础位置时,交通工程设计单位应考虑不同类型设备之间的相互遮挡问题。

7.4.2 基础、预埋件和预留孔应满足下列要求:
1 基础应满足抗风要求。
2 基础接地应结合桥梁防雷接地一并考虑。
3 预埋管和预留孔的管(孔)径、管(孔)数应满足通信、电力要求。
4 预埋件和预留孔应避让桥梁结构中的钢筋、预应力索。

7.4.3 预埋件应符合下列规定:
1 在主塔塔顶、侧壁应为摄像机、灯具安装设置预埋支架。
2 在钢箱梁内部应为灯具安装、线缆敷设设置预埋支架。
3 在下横梁顶部、内部应为摄像机、灯具安装设置预埋件。

条文说明

钢箱梁内部照明通常设置在人孔顶部,应预埋支架。

7.4.4 预留孔(预埋管)应符合下列规定:
1 主塔内预留孔(预埋管)应能上下贯通。
2 在主塔塔顶、塔侧壁应为摄像机等设备设置预留孔(预埋管)。
3 在箱梁端部应为箱梁内管道设置预留孔(预埋管),钢箱梁内预留孔(预埋管)应进行密封设计。
4 在钢箱梁内部应为路灯设置预留孔(预埋管)。
5 在下横梁上方的箱梁底部,下横梁顶板及内隔墙上应设置预留孔(预埋管)。

条文说明

主塔上、下横梁预留孔(预埋管)参考设置方式如图7-5、图7-6所示。

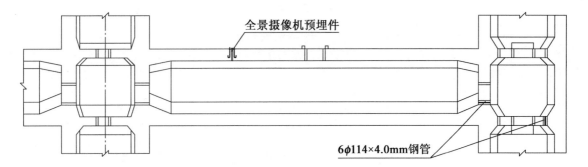

图 7-5 主塔上横梁预留孔（预埋管）示意图

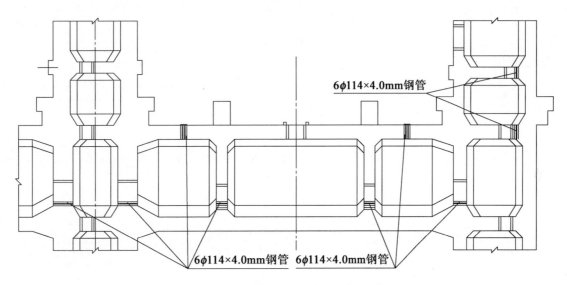

图 7-6 主塔下横梁预留孔（预埋管）示意图

8 机电设施检修平台与通道

8.0.1 机电设施检修平台与通道应结合桥梁结构形式、景观需求,以及机电设施安装、检修和维护要求设置。

条文说明

机电设施检修平台与通道主要指特大桥供配电、景观照明、桥梁视觉航标等设施安装、检修和维护所需的平台与通道,可利用已有主体检修平台与通道。

8.0.2 机电设施检修平台与通道应由交通工程设计单位提出条件和要求,由桥梁设计单位完成设计。

8.0.3 机电设施检修平台宜设置在主塔下横梁、引桥箱梁与桥墩连接处。

条文说明

主桥区域通常利用主塔下横梁作为机电设施检修平台;引桥区域通常在箱梁与桥墩连接处设置机电设施检修平台。

常见引桥机电设施检修平台与通道如图8-1所示。

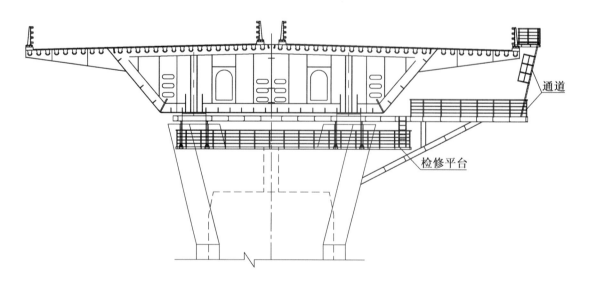

图 8-1 引桥机电设施检修平台与通道示意图

8.0.4 机电设施检修平台和通道除应满足机电设施安装所需尺寸、荷载要求外,还应满足机电设施维修、更换要求。

8.0.5 在主塔下横梁内部设置设备时,下横梁顶部应设置设备、缆线和人员进出通道。

条文说明

考虑到下横梁内更容易满足设备运行所需的温度、湿度、盐雾等条件,当主塔下横梁内部空间满足要求时,宜将设备设置在下横梁内部;当下横梁顶部不具备设置通道条件时,设备可设置在下横梁顶部。

8.0.6 机电设施检修平台与通道应符合现行《固定式钢梯及平台安全要求》(GB 4053)的有关规定。

本指南用词用语说明

1 本指南执行严格程度的用词,采用下列写法:

1)表示严格,在正常情况下均应这样做的用词,正面词采用"应",反面词采用"不应"或"不得"。

2)表示允许稍有选择,在条件许可时首先应这样做的用词,正面词采用"宜",反面词采用"不宜"。

3)表示有选择,在一定条件下可以这样做的用词,采用"可"。

2 引用标准的用语采用下列写法:

1)在标准条文及其他规定中,当引用的标准为国家标准或行业标准时,应表述为"符合《××××××》(×××)的有关规定"。

2)当引用标准中的其他规定时,应表述为"应符合本指南第×章的有关规定""应符合本指南第×.×节的有关规定""应按本指南第×.×.×条的有关规定执行"。